AF152300

BEI GRIN MACHT SICH IHR WISSEN BEZAHLT

- Wir veröffentlichen Ihre Hausarbeit,
  Bachelor- und Masterarbeit

- Ihr eigenes eBook und Buch -
  weltweit in allen wichtigen Shops

- Verdienen Sie an jedem Verkauf

Jetzt bei www.GRIN.com hochladen
und kostenlos publizieren

Barrierefreiheit von Webseiten

Nikolas Rittmeier

Bibliografische Information der Deutschen Nationalbibliothek:

Die Deutsche Nationalbibliothek verzeichnet diese Publikation in der Deutschen Nationalbibliografie; detaillierte bibliografische Daten sind im Internet über http://dnb.d-nb.de abrufbar.

ISBN: 9783346517395
Dieses Buch ist auch als E-Book erhältlich.

© GRIN Publishing GmbH
Nymphenburger Straße 86
80636 München

Alle Rechte vorbehalten

Druck und Bindung: Books on Demand GmbH, Norderstedt Germany
Gedruckt auf säurefreiem Papier aus verantwortungsvollen Quellen

Das vorliegende Werk wurde sorgfältig erarbeitet. Dennoch übernehmen Autoren und Verlag für die Richtigkeit von Angaben, Hinweisen, Links und Ratschlägen sowie eventuelle Druckfehler keine Haftung.

Das Buch bei GRIN: https://www.grin.com/document/1140830

Barrierefreiheit von Webseiten

Nikolas Rittmeier

Hamburg, den 23. August 2021

Inhaltsverzeichnis

Abkürzungsverzeichnis

ACM   = Association for Computing Machinery

BITV   = Barrierefreie-Informationstechnik-Verordnung

CHI   = Conference on Human Factors in Computing Systems

W3C   = World Wide Web Consortium

WAI   = Web Accessibility Initiative

WCAG   = Web Content Accessibility Guidelines

WCAG-EM   = Website Accessibility Conformance Evaluation Methodology

WebAIM   = Web Accessibility In Mind

1 Einleitung

Diese Hausarbeit beschäftigt sich mit dem Thema der Barrierefreiheit von Webseiten. In diesem Kapitel wird auf die Motivation sowie Problemstellung eingegangen. Anschließend wird der Aufbau der Arbeit dargestellt. Einige in diesem Kapitel erwähnten Inhalte werden erst in den folgenden Kapiteln näher betrachtet.

1.1 Problemstellung

Viele Dinge werden heutzutage im Internet erledigt. Online-Banking, die Buchung der nächsten Urlaubsreise, eine Terminvereinbarung beim Einwohnermeldeamt, die Suche eines neuen Stromanbieters, der Online-Einkauf oder einfach nur der Austausch mit Freunden - all dies und noch vieles mehr läuft heute über das Internet (vgl. Calvo et al., 2016, S. 77). Es ist daher zu einem unverzichtbaren Bestandteil des täglichen Lebens der Menschen geworden (vgl. Calvo et al., 2016, S. 77). Vor allem durch die Corona-Pandemie seit 2020, die durch mehrere Lockdowns und damit verbundenen Schließungen zahlreicher Geschäfte verbunden war, gewann das Internet noch mehr an Bedeutung (vgl. Beisch & Schäfer, 2020, S. 463). Denn über Wochen hatten zum Beispiel alle Textil- und Möbelgeschäfte geschlossen. Daher war ein Einkauf von Kleidung und Möbeln nur online möglich und dies wurde demzufolge auch verstärkt von den Konsumenten genutzt (vgl. Statista, 2020). In 2020 stieg zudem der Anteil der online bestellten Lebensmittel stärker an als in den Jahren davor (vgl. Handelsverband Deutschland e.V. (HDE), 2021). Dies kann mit der Angst der Menschen vor einer Ansteckung mit dem Virus zu tun haben, sodass diese sich die Lebensmittel lieber nach Hause liefern lassen, um somit auf den persönlichen Einkauf vor Ort verzichten zu können. Die Ergebnisse der ARD/ZDF-Onlinestudie 2020 zeigen auch, dass die Digitalisierung der Gesellschaft im Jahr 2020 weiter vorangeschritten ist (vgl. Beisch & Schäfer, 2020, S. 462). So nutzen inzwischen 94 % der deutschsprachigen Bevölkerung ab 14 Jahren zumindest gelegentlich das Internet (vgl. Beisch & Schäfer, 2020, S. 462). Dazu gehören auch viele Menschen mit Behinderungen. Nach dem statistischen Bundesamt leben in Deutschland 7,9 Millionen Menschen mit einer Behinderung, dies entspricht einer Schwerbehindertenquote von 9,5 % (vgl. Statistisches Bundesamt (Destatis), 2020). So nutzen Menschen mit Behinderung häufiger das Internet als Menschen ohne Einschränkungen (vgl. Schmitz, 2002). Der Zugang zum Internet soll allen Menschen gleichberechtigt ermöglicht werden (vgl. Calvo et al., 2016, S. 77). Es ist daher elementar wichtig bestehende Barrieren abzubauen (vgl. Krüger-Brand, 2002, S. 24).

Um dies zu erreichen, bestehen bereits seit längerer Zeit von verschiedenen Institutionen Bestrebungen, die vorhandenen Hindernisse zu beseitigen (vgl. *RICHTLINIE (EU) 2016/2102 über den barrierefreien Zugang zu den Websites und mobilen Anwendungen öffentlicher Stellen*, 2016; vgl. W3C (Hrsg.), 2009). Teilweise gibt es in einigen Ländern zudem Gesetze, die dies vorschreiben. So existiert auch in Deutschland das Gesetz zur Gleichstellung von Menschen mit Behinderungen (*Behindertengleichstellungsgesetz - BGG*, 2002).

Aus diesen Überlegungen sowie nach intensiver Literaturrecherche hat sich die folgende Forschungsfrage ergeben: „Welche Evaluierungsmöglichkeiten gibt es zur Ermittlung von barrierefreien Webseiten und ist die Accessibility bereits als Standard etabliert?".

1.2 Vorgehensweise

Um die Forschungsfrage zu untersuchen, wird in dieser Arbeit das Thema Barrierefreiheit von Webseiten näher betrachtet. Zu Beginn wird im zweiten Kapitel definiert was darunter zu verstehen ist und ein Überblick zu dem Thema gegeben. Anschließend werden ausgewählte existierende Richtlinien und Standards vorgestellt sowie auf deren Inhalte eingegangen. Im darauffolgenden dritten Kapitel folgt eine Schilderung der Evaluierungsmöglichkeiten bezüglich der Zugänglichkeit von Webseiten inklusive deren Vergleich. Im vierten Kapitel wird auf die Verbreitung von barrierefreien Webseiten eingegangen. Zum Abschluss dieser Arbeit erfolgt ein Fazit und Ausblick.

2 Accessibility

In diesem Kapitel wird auf den Begriff Accessibility und dessen Verständnis eingegangen. Etablierte Richtlinien werden vorgestellt und der Inhalt dieser beschrieben. Anschließend werden zudem Grenzen sowie Kritikpunkte an den Richtlinien aufgezeigt.

2.1 Definition

Der Begriff Accessibility wird übersetzt mit Zugänglichkeit. In der deutschen Übersetzung der Web Content Accessibility Guidelines (WCAG) wird dafür der Begriff barrierefrei verwendet (vgl. W3C (Hrsg.), 2009). In dieser Arbeit werden die drei Begriffe synonym benutzt.

Es gibt keine feste allgemeingültige Definition von Barrierefreiheit im Internet (vgl. Petrie et al., 2015, S. 1). So existieren mehrere Begriffsbestimmungen, die sich im Detail unterscheiden (vgl. Yesilada et al., 2012, S. 1). In einer Umfrage unter 300 Experten zu diesem Thema gaben

45 % an, dass die Definition des World Wide Web Consortium (W3C) die führende sei (vgl. Yesilada et al., 2012, S. 3). Diese lautet: „*Barrierefreiheit bedeutet das Webseiten, Tools und Technologie so entwickelt und konzipiert sind, dass Menschen mit Behinderungen sie nutzen können. Genauer gesagt das Web wahrnehmen, verstehen, navigieren, mit ihm interagieren und einen Beitrag dazu leisten können*" (WAI, 2005).

Barrierefreiheit im Internet beschreibt den uneingeschränkten sowie gleichberechtigten Zugang und Umgang auf Homepages für alle Menschen (vgl. Calvo et al., 2016, S. 77; vgl. Krüger-Brand, 2002, S. 24). Das bedeutet, dass auch Ältere sowie Personen mit unterschiedlichen Beeinträchtigungen, die zum Beispiel von visuellem, körperlichem oder kognitivem Ausmaß sind, ohne Schwierigkeiten Webseiten bedienen und nutzen können (vgl. Calvo et al., 2016, S. 77; vgl. Krüger-Brand, 2002, S. 24).

Somit ist erkennbar, dass mit dem Begriff Accessibility nicht nur Menschen mit Behinderungen gemeint sind (vgl. WAI, 2005). Auch temporär eingeschränkte Personen sollen keine Hindernisse haben (vgl. WAI, 2005). Solche Einschränkungen können zum Beispiel ein gebrochener Arm, die verlorene Brille aber auch eine laute Umgebung sein (vgl. WAI, 2005).

Es gibt verschiedene Richtlinien, die beschreiben und Empfehlungen geben wie die Zugänglichkeit ohne Hindernisse gestaltet werden sollte.

2.2 Richtlinien

Um Webseitenentwicklern und -designern zu helfen, besser zugängliche Webseiten zu erstellen, hat die Web Accessibility Initiative (WAI) des W3C mit Unterstützung der EU einige technische Zugänglichkeitsrichtlinien erarbeitet (vgl. Krüger-Brand, 2002, S. 24; vgl. Palos Sánchez & Correia, 2016, S. 363; vgl. Richards et al., 2012, S. 79).

Diese Leitlinien beinhalten Regeln und Empfehlungen für ein behindertengerechtes Design von Internetseiten (vgl. Krüger-Brand, 2002, S. 24). Die WAI-Richtlinien gelten seit einigen Jahren als internationaler Standard für die Zugänglichkeit von Webseiten (vgl. Abou-Zahra et al., 2013, S. 3, vgl. 2018, S. 2; Palos Sánchez & Correia, 2016). Die erste Version der WCAG 1.0 wurde bereits 1999 veröffentlicht (vgl. Calvo et al., 2016, S. 77). Die WCAG 1.0 bestehen aus 14 Richtlinien, wobei jede Richtlinie ein grundlegendes Thema der Barrierefreiheit im Internet abdeckt und mit einem oder mehreren Prüfpunkten (insgesamt 65 Prüfpunkte) verbunden ist, die beschreiben, wie diese Richtlinie auf ein bestimmtes Merkmal einer Webseite anzuwenden ist (vgl. Calvo et al., 2016, S. 77; vgl. Palos Sánchez & Correia, 2016, S. 363). Jedem Prüfpunkt ist eine Prioritätsstufe zugeordnet, die sich nach seiner Wichtigkeit richtet (vgl. Calvo et al.,

2016, S. 77). Insgesamt gibt es drei Prioritätsstufen, die sich in Priorität 1, 2 und 3 untergliedern (vgl. Calvo et al., 2016, S. 77). Dabei ist anzumerken, dass die mit der Priorität 1 versehenen Prüfpunkte als die wichtigsten gelten (vgl. Calvo et al., 2016, S. 77). Somit ist die Nichteinhaltung von Prüfpunkten der Priorität 1 am kritischsten, da dies bedeuten würde, dass einige Gruppen von behinderten Nutzern diesen Teil der Webseite überhaupt nicht nutzen können(vgl. Richards et al., 2012, S. 79).

Da sich das Internet ständig weiterentwickelt, erkannte das W3C, dass die WCAG 1.0 veraltet sind und veröffentlichte daher 2008 eine zweite Version der WCAG (WCAG 2.0) (vgl. Calvo et al., 2016, S. 77; vgl. Cooper, 2016, S. 1). Ein Hauptaugenmerk wurde darauf gelegt, dass die Richtlinie unabhängig von der aktuellen Technologie war (vgl. Cooper, 2016, S. 1). Damit sollte eine längerfristige Stabilität der Vorgaben erreicht werden und nicht bei jeder technologischen Änderung eine Überarbeitung nötig sein (vgl. Cooper, 2016, S. 1). Mit dem zweiten Ziel der Überarbeitung sollte erreicht werden, dass die Erfolgskriterien auf ihre Einhaltung hin überprüft werden können (vgl. Richards et al., 2012, S. 80). Die zugrundeliegenden Überlegungen zu den Prüfpunkten der Prioritäten 1, 2 und 3 wurden überdacht, da alle Kriterien (auch die in den Prüfpunkten der Priorität 3) für einige behinderte Nutzer entscheidend sein können (vgl. Richards et al., 2012, S. 79). Die WCAG 2.0 enthält 12 Richtlinien, die folgende vier Kernprinzipien beinhalten: Die Inhalte im Internet sollten mit verschiedenen Sinnen wahrnehmbar, mit unterschiedlichen Benutzerinteraktionen bedienbar, für ein möglichst breites Publikum verständlich sowie für die Verwendung mit verschiedenen Tools robust sein (vgl. Abou-Zahra et al., 2013, S. 3; vgl. Calvo et al., 2016, S. 77; vgl. Palos Sánchez & Correia, 2016, S. 363). So lautet die erste Leitlinie für die Wahrnehmbarkeit zum Beispiel: *„Stellen Sie Textalternativen für alle Nicht-Text-Inhalte bereit, damit sie in andere Formen umgewandelt werden können, die die Menschen benötigen, wie Großdruck, Braille, Sprache, Symbole oder einfachere Sprache."* (W3C, 2019). Für jede Leitlinie gibt die WCAG 2.0 prüfbare Erfolgskriterien vor, mit denen die Zugänglichkeit von Webseiten bewertet werden kann (vgl. Calvo et al., 2016, S. 77; vgl. Palos Sánchez & Correia, 2016, S. 363). Die WCAG 2.0 entfernte sich ein wenig von dem Begriff der Priorität und konzentrierte sich stattdessen auf die allgemeinen Konformitätsstufen (vgl. Richards et al., 2012, S. 79). Die insgesamt 61 Erfolgskriterien sind in die Konformitätsstufen A, AA und AAA eingeteilt (vgl. Palos Sánchez & Correia, 2016, S. 363). Stufe A ist immer erforderlich, damit eine Webseite für alle zugänglich ist, während die Stufen AA und AAA höhere (strengere) Kriterien darstellen (vgl. Richards et al., 2012, S. 80). Im Jahr 2018 wurden die Richtlinien um neue Erfolgskriterien ergänzt und somit erschien die W3C-Empfehlung WCAG 2.1 (vgl. W3C, 2019). Auch die aktuell in Abstimmung befindliche Version 2.2 der WCAG erweitert die Erfolgskriterien um acht neue Vorgaben (W3C, 2021).

Die WAI des W3C und verschiedene staatliche Vorschriften stützen die Bedeutung der Barrierefreiheit im Internet (vgl. Richards et al., 2012, S. 79). Die WCAG 2.0 hat zu einer weltweiten Vereinheitlichung der Ansätze zur Barrierefreiheit im Internet beigetragen und ist nun die Grundlage für viele Richtlinien von Behörden und Organisationen (vgl. Cooper, 2016, S. 1). Ihre Auswirkungen auf die Zugänglichkeit des Internets waren für Menschen mit Behinderungen sowie für ältere Nutzer von großer Bedeutung (vgl. Cooper, 2016, S. 1).

Durch die Einführung der EU-Richtlinie 2016/2102 sind öffentliche Einrichtungen ab September 2019 in Deutschland gesetzlich verpflichtet ihre Webseiten behindertengerecht zu gestalten und somit für jeden zugänglich zu machen (vgl. *RICHTLINIE (EU) 2016/2102 über den barrierefreien Zugang zu den Websites und mobilen Anwendungen öffentlicher Stellen*, 2016).

Die Empfehlungen der WCAG-Richtlinien wurden in Deutschland durch die Barrierefreie-Informationstechnik-Verordnung (BITV) in nationales Recht umgesetzt (vgl. Burkard et al., 2021, S. 2). Inhaltlich entspricht die BITV weitestgehend den WCAG, Sie enthält aber noch einige zusätzliche Anforderungen (vgl. Burkard et al., 2021, S. 2). Weiterhin sind dort nur die beiden Abstufungen Priorität 1, sie umfasst alle Muss- und Soll- Kriterien der WCAG und ihre vollständige Einhaltung entspricht dort einer AA-Einstufung, und Priorität 2, die nicht erfüllt werden muss, aber zur Barrierefreiheit beiträgt und deren zusätzliche Erfüllung einer AAA-Konformität nach WCAG entspricht, enthalten (vgl. Burkard et al., 2021, S. 2).

Sofern die Vorgaben der Richtlinien umgesetzt werden, hilft dies vielen Menschen. Es profitieren auch Menschen ohne Einschränkungen von den Richtlinien, da zum Beispiel Aufgaben schneller erledigt werden können (vgl. Schmutz et al., 2016, S. 623, 627).

2.3 Grenzen der Barrierefreiheit

Auch wenn die WCAG allgemein als Standard etabliert sind, gibt es auch Kritik an der Richtlinie (vgl. Rømen & Svanæs, 2012, S. 375).

Bei der Erstellung wurde versucht sich mit den häufigsten Zugänglichkeitshindernissen auseinander zu setzen (vgl. Cooper, 2016, S. 1). Dies impliziert, dass nicht auf alle einzelnen Einschränkungen oder Kombinationen dieser inklusive der Lösungen, wie die Barriere abgebaut werden kann, eingegangen wurde (vgl. Vigo & Harper, 2013, S. 4). Aufgrund der unzähligen individuellen Gegebenheiten scheint eine Richtlinie, die jede Möglichkeit abdeckt, ziemlich unmöglich (vgl. Vigo & Harper, 2013, S. 4).

Kritisiert wird, dass bei der Entwicklung der Fokus zu sehr auf blinden Menschen lag und dabei die Bedürfnisse von gehörlosen Personen nicht ausreichend berücksichtigt wurden (vgl. Ribera et al., 2009, S. 404). Dies gilt auch für die Herausforderungen im Zusammenhang mit Legasthenie (vgl. De Santana et al., 2012, S. 1). Nach einer Studie der Internationalen Legasthenie Gesellschaft haben 15 % bis 20 % der Weltbevölkerung Symptome dieser und stellen daher keine Randerscheinung dar (vgl. De Santana et al., 2012, S. 1f). Auch bei den Beiträgen in den Konferenzen von Association for Computing Machinery Conference on Human Factors in Computing Systems (ACM CHI) sowie ASSETS, die sich mit Zugänglichkeitsbeschränkungen beschäftigen, gab es für den Zeitraum von 2010 bis 2019 nach einer Analyse einen überproportional hohen Anteil von 43,5 %, der sich mit visuellen Einschränkungen auseinandersetzte (vgl. Mack & McDonnell, 2021, S. 6). Mit einigem Abstand folgten andere Schwerpunkte wie motorische und körperliche mit einem Anteil von 14,2 % sowie auditive Einschränkungen mit 11,3 % (vgl. Mack & McDonnell, 2021, S. 6).

Ein weiterer Vorwurf ist, dass die Richtlinie nicht nach empirischen Daten erstellt wurden und die Empfehlungen nicht auf Grundlage von Erfahrungen und Experimenten mit Nutzern beruhen (vgl. Ribera et al., 2009, S. 404; vgl. Rømen & Svanæs, 2012, S. 375f). Damit ist offen, inwiefern die Richtlinie an den tatsächlichen Problemen von Menschen mit Einschränkungen ausgerichtet ist (vgl. Rømen & Svanæs, 2012, S. 376).

Aus Sicht der Entwickler wären mehr Beispiele wünschenswert (vgl. Ribera et al., 2009, S. 404). Dies und eine einfachere Formulierung würden bei den Erstellern für ein besseres Verständnis der Hintergründe hinsichtlich der Empfehlungen sorgen (vgl. Ribera et al., 2009, S. 404). Es kann der Eindruck entstehen, dass sofern die Vorgaben der untersten Stufe A erfüllt werden, dies ausreicht um eine vollkommende Zugänglichkeit zur Webseite zu erreichen (vgl. Ribera et al., 2009, S. 404). Somit wird der Fokus mehr auf das alleinige Bestehen von Tests gelegt als wirklich zu prüfen, ob Barrieren existieren (vgl. Ribera et al., 2009, S. 404).

Eine weitere Problematik die nicht nur diese Richtlinie betrifft ist, dass mögliche Erleichterungen oder Unterstützungen dem Benutzer nicht bekannt sind. Und diese somit gar nicht genutzt werden können (vgl. Wu et al., 2021, S. 1). Dies betrifft vor allem durch Browser bereitgestellte Funktionen wie zum Beispiel die Zoomfunktion, um den Inhalt zu vergrößern (vgl. Wu et al., 2021, S. 1).

3 Evaluierungsmöglichkeiten von Accessibility

Um überhaupt Aussagen treffen zu können, ob und in welchem Umfang eine Webseite Barrieren hat, muss diese daraufhin untersucht werden. Bei der Entwicklung der WCAG 2.0 wurde auch berücksichtigt, dass die Umsetzung der entsprechenden Kriterien später auch überprüft werden können (vgl. Richards et al., 2012, S. 80).

Für die Evaluierung von Webseiten wird ebenfalls eine Anleitung durch das W3C bereitgestellt (vgl. Velleman & Abou-Zahra, 2014). Die Website Accessibility Conformance Evaluation Methodology (WCAG-EM), übersetzt Konformitätsbewertungsmethodik für die Barrierefreiheit von Webseiten, beschreibt ein Verfahren, wie die Bewertung ablaufen kann und was dabei zu beachten ist (vgl. Velleman & Abou-Zahra, 2014). Dieses ist auf die WCAG zugeschnitten (vgl. Burkard et al., 2021, S. 3).

Ähnlich ist der BITV-Test (vgl. Burkard et al., 2021, S. 3). Dieser bezieht sich jedoch auf die BITV 2.0 und damit auf eine andere Richtlinie, die noch weitergehende Anforderungen beinhaltet (vgl. BIK, 2020). Auch die Anforderungen an den Prüfer sind bei diesem Test höher (vgl. BIK, 2020). Während beim WCAG-EM Empfehlungen für die Qualifikation der Prüfer gemacht werden, sind die nötigen Kenntnisse beim BITV-Test verpflichtend und darüber hinaus muss eine Prüfung abgelegt werden (vgl. BIK, 2020; vgl. Burkard et al., 2021, S. 3).

Natürlich kann der Entwickler auch selbst die Webseite prüfen. Hierfür gibt es sowohl eine große Auswahl an kostenpflichtigen als auch frei verwendbaren Tools, die dabei unterstützen (vgl. W3C, 2016). Bei der Konformitätsprüfung ist der Einsatz von Tools weit verbreitet (vgl. Vigo et al., 2013, S. 1). Der Vorteil der Tools ist, dass diese automatisch und schnell Webseiten analysieren und Ergebnisse liefern (vgl. Frazão & Duarte, 2020, S. 2). Dadurch sinkt der Aufwand für Tests beim Entwickler (vgl. Vigo et al., 2013, S. 1). Eine zu erwähnende Problematik ist allerdings, dass bei Einsatz verschiedener Programme unterschiedliche Ergebnisse geliefert werden können (vgl. Parvin et al., 2021, S. 1). Eine mögliche Folge daraus könnte sein, dass der Anwender verunsichert ist und den Ergebnissen misstraut (vgl. Parvin et al., 2021, S. 1). Es ist daher wichtig, dass der Entwickler weiß, wie die Tools arbeiten und das dies je nach Programm variieren kann (vgl. Parvin et al., 2021, S. 1f).

Hinzu kommt, dass die Tools nicht in der Lage sind, alle in der WCAG genannten Kriterien zu überprüfen (vgl. Frazão & Duarte, 2020, S. 2). Denn ob bei einer Grafik der Alternativtext vorhanden ist, kann das Programm zwar prüfen, aber es kann nicht beurteilen, ob dieser Text auch zur Grafik passt und sinnvoll ist (vgl. Frazão & Duarte, 2020, S. 2f). Deshalb ist es nicht zu empfehlen, sich allein auf automatisierte Tests zu verlassen (vgl. Vigo et al., 2013, S. 2). Mit

Hilfe von künstlicher Intelligenz könnte es zukünftig möglich sein, dass Tools noch mehr Tests durchführen könnten und damit noch vielfältiger einsatzbar sind (vgl. Abou-Zahra et al., 2018, S. 4).

Um möglichst alle Kriterien prüfen zu können, sind manuelle Tests unabdingbar (vgl. Frazão & Duarte, 2020, S. 10). Dabei wird häufig auf Tests durch Experten gesetzt, die die Richtlinien kennen und Erfahrungen in dem Bereich haben (vgl. Frazão & Duarte, 2020, S. 2). Damit ist jedoch ein höherer Aufwand sowie weitere Kosten verbunden. In der Praxis wird meist auf eine Kombination von manuellen als auch automatisierten Tests gesetzt (vgl. Frazão & Duarte, 2020, S. 10).

Die realistischsten Rückmeldungen sind durch Tests zusammen mit eingeschränkten Nutzern möglich (vgl. Aizpurua et al., 2014, S. 4). Denn dieser Personenkreis kann zu ganz anderen Ergebnissen kommen (vgl. Aizpurua et al., 2014, S. 2). So sind Barrieren auf der Webseite häufig subjektiv (vgl. Vigo & Harper, 2013, S. 4). Ein Nutzer kann etwas als Hindernis empfinden, während ein anderer das Problem überwinden kann (vgl. Aizpurua et al., 2014, S. 2). Ebenso können Herausforderungen festgestellt werden, die auch mithilfe der Richtlinien nicht entdeckt worden wären (vgl. Vigo & Harper, 2013, S. 1).

Zugänglichkeitstests sollten bereits während der Entwicklung der Webseite stattfinden (vgl. Frazão & Duarte, 2020, S. 10). Die gefundenen Hindernisse in der Entwicklung zu beseitigen ist meist einfacher und kostengünstiger als dies erst im Nachhinein umzusetzen (vgl. Burkard et al., 2021, S. 1).

4 Verbreitung von barrierefreien Webseiten

Trotz der Existenz von Richtlinien für die Zugänglichkeit von Webseiten gibt es diverse Studien über unterschiedliche Zeiträume aus vielen Ländern, die zeigen, dass zahlreiche Webseiten nicht allen Leitlinien entsprechen (vgl. Calvo et al., 2016, S. 77; vgl. Richards et al., 2012, S. 79).

Eine der ersten Studien, die sich mit dieser Thematik beschäftigte, war die Untersuchung von 1000 Internetseiten durch die Digital Rights Commission (vgl. Calvo et al., 2016, S. 77f). Die Analyse zeigte, dass nur 19 % der Webseiten die WCAG 1.0 Stufe A erfüllten, wobei die Ergebnisse für die Stufen AA und AAA noch viel niedriger lagen (vgl. Calvo et al., 2016, S. 78). Lediglich 0,6 % der Webseiten entsprachen der Stufe AA und keine wies die Stufe AAA auf (vgl. Calvo et al., 2016, S. 78).

Weitere Studien, die nach der Veröffentlichung der WCAG 1.0 durchgeführt wurden, bestätigen die Zugänglichkeitsprobleme (vgl. Richards et al., 2012, S. 79). Dies betraf Länder auf der ganzen Welt, in verschiedensten Bereichen wie Handel, Kultur, Gesundheitswesen, Hochschulen oder Regierungsseiten (vgl. Richards et al., 2012, S. 79). Im Zeitraum 1997 bis 2002 konnte eine leichte Verbesserung der Barrierefreiheit registriert werden (vgl. Hackett et al., 2004, S. 38). Gleichzeitig gab es auch neue Barrieren im Zusammenhang mit einer steigenden Komplexität der Webseiten (vgl. Hackett et al., 2004, S. 38). Mangelndes Bewusstsein für Fragen der Barrierefreiheit bei den Verantwortlichen für Webseiten und das Fehlen einer klaren Anleitung für Entwickler gehören zu den Gründen, die für die geringe Konformität genannt werden (vgl. Loiacono et al., 2009, S. 130).

Dieser Effekt wurde jedoch auch in neueren Studien festgestellt (vgl. Calvo et al., 2016, S. 78). So wurde die Zugänglichkeit der 250 größten Unternehmen der Forbes-Liste auf Übereinstimmung mit den Richtlinien WCAG 1.0 und WCAG 2.0 überprüft (vgl. Gonçalves et al., 2013, S. 363). In der Studie wurde eine große Anzahl von Zugänglichkeitsproblemen auf den Webseiten festgestellt und erkannt, dass die meisten Homepages nicht einmal der niedrigsten Zugänglichkeitsstufe entsprachen (vgl. Gonçalves et al., 2013, S. 373).

In einer anderen Studie wurden 130 Regierungswebseiten im Vereinigten Königreich auf der Grundlage der WCAG 1.0 und WCAG 2.0 überprüft (vgl. Kuzma, 2010, S. 141). Die Ergebnisse der Studie zeigten, dass nur 23 % der Webseiten den WCAG 1.0 entsprachen, während die Webseiten, die die WCAG 2.0 Richtlinien erfüllten, mit nur 5 % noch viel geringer waren (vgl. Kuzma, 2010, S. 141ff). Auch im Bereich der führenden Hochschulen wurde im internationalen Vergleich keine Verbesserung der Zugänglichkeit über einen Zeitraum von 2005 bis 2015 erreicht (vgl. Alahmadi & Drew, 2017, S. 22).

Frühere Untersuchungen ergaben, dass sich die Zugänglichkeit nach der Veröffentlichung von Richtlinien für die Barrierefreiheit im Internet, der Einführung von Tools zur Evaluierung sowie staatlicher Vorschriften zur Unterstützung der Barrierefreiheit für die Zugänglichkeit von Webseiten kaum verbessert hat (vgl. Richards et al., 2012, S. 85). Bei einer der längsten Untersuchungen wurde von 1999 bis 2012 über 14 Jahre die Einhaltung der WCAG-Richtlinien sowie die Fortschritte der Barrierefreiheit von 1.174 stark frequentierten sowie behördlichen Webseiten aus Großbritannien und der USA geprüft (vgl. Richards et al., 2012, S. 79). Es wurde festgestellt, dass sich einige Aspekte bezüglich der Einhaltung der Zugänglichkeit verbessert haben (vgl. Hanson & Richards, 2013, S. 27). Insbesondere bei den Seitentiteln, den alternativen Textbeschreibungen für Bilder, den Link-Titeln und der Verwendung von Überschriften und anderen semantischen Auszeichnungselementen sind deutliche Verbesserungen zu verzeichnen (vgl.

Richards et al., 2012, S. 85). Bis 2012 hatten beispielsweise 44 % der Inhaltsbilder (für diese Zwecke definiert als Bilder mit einer Breite und Höhe von mehr als 32 Pixeln) der Webseiten mit hohem Besucheraufkommen sowie 62 % der Inhaltsbilder auf Regierungsseiten einen konformen Alternativtext (vgl. Hanson & Richards, 2013, S. 12; vgl. Richards et al., 2012, S. 80). Dies ist jedoch immer noch weniger als erwartet, insbesondere bei den Regierungsseiten (vgl. Richards et al., 2012, S. 80).

Im Februar 2019 und 2020 analysierte die gemeinnützige Organisation Web Accessibility in Mind (WebAIM) die Zugänglichkeit der Majestic Million, eine Liste der weltweit wichtigsten Webseiten, für Menschen mit Behinderungen anhand der WCAG-Richtlinien (vgl. Bocksch, 2020).

Dadurch konnte ermittelt werden, dass lediglich rund 2 % dieser Internetseiten keine Hindernisse aufweisen (vgl. Bocksch, 2020).

Der geringe Kontrast zwischen dem Text und dem Hintergrund stellt dabei die größte Herausforderung bezüglich der Lesbarkeit für Menschen mit beeinträchtigtem Sehvermögen dar und ist bei etwa 90 % der Seiten der Fall (vgl. Bocksch, 2020).

Zudem konnte aufgezeigt werden, dass bei zwei von drei betrachteten Internetseiten keine Alternativtexte, welche zum Beispiel Bilder beschreiben oder Texte in einfacher Sprache wiedergeben, vorhanden sind (vgl. Bocksch, 2020).

Weitere Schwierigkeiten stellen fehlerhafte Links (60 %) sowie mangelhafte Schaltflächen (29 %) und unterstützenden Steuerelementen (ca. 50 %) dar (vgl. Bocksch, 2020).

Die beiden Bereiche Alternativtexte und Dokumentensprache haben sich in 2020 im Vergleich zum Vorjahr leicht um ein paar Prozentpunkte verbessert, insgesamt hat sich die Barrierefreiheit der Majestic Million jedoch um - 0,3 % verschlechtert (vgl. Bocksch, 2020).

5   Fazit

Das Ziel dieser Hausarbeit bestand darin, herauszufinden welche Evaluierungsmöglichkeiten zur Ermittlung von barrierefreien Webseiten existieren und ob die Accessibility bereits als Standard etabliert ist.

Resümierend ist anhand des wissenschaftlichen Forschungsstandes festzustellen, dass die Zugänglichkeit von Webseiten anhand der existierenden Richtlinien mit Hilfe von Tools sowie manueller Sichtung überprüft werden kann. Weit verbreitet ist das WCAG-EM Verfahren sowie der BITV-Test. In der Praxis kommt häufig eine Kombination beider Evaluierungsmöglichkeiten zum Einsatz, da diese aussagekräftiger ist als nur eine Prüfung anzuwenden. Denn die Tools sind nicht in der Lage alle in der WCAG genannten Kriterien zu überprüfen, sodass eine manuelle Prüfung erforderlich ist. Durch den Einsatz von künstlicher Intelligenz wäre es denkbar, dass Tools zukünftig noch mehr Tests durchführen könnten und diese damit noch vielfältiger anwendbar sind. Seit September 2018 sind barrierefreie Webseiten sogar eine Vorschrift für öffentliche Einrichtungen in Deutschland. Daher ist die Accessibility in diesem Bereich gut vertreten und hilft vielen Menschen bereits bei der Überwindung ihrer täglichen Hürden im Leben. In anderen Bereichen ist die Zugänglichkeit jedoch noch sehr ausbaufähig. Die etablierten Richtlinien sind ein erster Schritt zur Barrierefreiheit im Internet. Da diese jedoch noch nicht alle Zugänglichkeitsprobleme abdecken, ist es empfehlenswert die Anwender, also vor allem Menschen mit Einschränkungen, für die Anpassungen der Richtlinien hinzuzuziehen. Es wird jedoch nicht möglich sein jemals wirklich alle Einschränkungen in den Leitlinien berücksichtigen zu können, sondern lediglich die häufigsten Zugänglichkeitshindernisse abzudecken. Kritisch betrachtet fokussieren die aktuellen Richtlinien zu sehr blinde Menschen und gehen zu wenig auf die Bedürfnisse gehörloser Personen ein. Eine Erweiterung der Leitlinien könnte dies berücksichtigen. Darüber hinaus sollten die Nutzer von Webseiten, vor allem aber die Menschen mit Einschränkungen, darüber in Kenntnis gesetzt werden welche Möglichkeiten und Funktionen die entsprechende barrierefreie Webseite bietet, um diese dann auch nutzen zu können.

Sofern auch der Vorteil für Menschen ohne Einschränkungen mehr in den Vordergrund gestellt wird, könnte die Verbreitung von barrierefreien Webseiten eine größere Unterstützung bekommen.

6 Literaturverzeichnis

Abou-Zahra, S., Brewer, J., & Cooper, M. (2018). Artificial Intelligence (AI) for Web Accessibility: Is Conformance Evaluation a Way Forward? *Proceedings of the 15th International Web for All Conference.* https://doi.org/10.1145/3192714

Abou-Zahra, S., Brewer, J., & Henry, S. L. (2013). Essential components of mobile web accessibility. *W4A 2013 - International Cross-Disciplinary Conference on Web Accessibility.* https://doi.org/10.1145/2461121.2461138

Aizpurua, A., Arrue, M., Harper, S., & Vigo, M. (2014). Are users the gold standard for accessibility evaluation? *W4A 2014 - 11th Web for All Conference.* https://doi.org/10.1145/2596695.2596705

Alahmadi, T., & Drew, S. (2017). An evaluation of the accessibility of top-ranking university websites: Accessibility rates from 2005 to. *There and back: Charting flexible pathways in open, mobile and distance education, 21*(1), 224. http://conference.deanz.org.nz/wp-content/uploads/2016/03/DEANZ16-Conference-proceedings11-April.pdf#page=224

Behindertengleichstellungsgesetz - BGG. (2002). https://www.gesetze-im-internet.de/bgg/BJNR146800002.html

Beisch, N., & Schäfer, C. (2020). Internetnutzung mit großer Dynamik: Medien, Kommunikation, Social Media: Ergebnisse der ARD/ZDF-Onlinestudie 2020. *Media Perspektiven, 9,* 462–481.

BIK. (2020). *BIK BITV-Test | Beschreibung des Prüfverfahrens.* https://www.bitvtest.de/bitv_test/das_testverfahren_im_detail/verfahren.html#c1263

Bocksch, R. (2020). • *Infografik: Barrierefreiheit im Internet kaum vorhanden | Statista.* https://de.statista.com/infografik/23675/anteil-der-majestic-million-websites-der-wcag-fehler-aufweist/

Burkard, A., & Zimmermann, G., & Schwarzer, B. (2021). Monitoring Systems for Checking Websites on Accessibility. *Frontiers in Computer Science, 3.* https://doi.org/10.3389/fcomp.2021.628770

Calvo, R., Seyedarabi, F., & Savva, A. (2016). Beyond web content accessibility guidelines. Expert accessibility reviews. *ACM International Conference Proceeding Series,* 77–84. https://doi.org/10.1145/3019943.3019955

Cooper, M. (2016). Web accessibility guidelines for the 2020s. *W4A 2016 - 13th Web for All Conference.* https://doi.org/10.1145/2899475.2899492

De Santana, V. F., De Oliveira, R., Almeida, L. D. A., & Baranauskas, M. C. C. (2012). Web accessibility and people with dyslexia: A survey on techniques and guidelines. *W4A 2012 - International Cross-Disciplinary Conference on Web Accessibility.* https://doi.org/10.1145/2207016.2207047

Frazão, T., & Duarte, C. (2020). Comparing accessibility evaluation plug-ins. *Proceedings of the 17th International Web for All Conference, W4A 2020.* https://doi.org/10.1145/3371300.3383346

Gonçalves, R., Martins, J., Pereira, J., Oliveira, M. A.-Y., & Ferreira, J. J. P. (2013). Enterprise Web Accessibility Levels Amongst the Forbes 250: Where Art Thou O Virtuous Leader? *Journal of Business Ethics, 113*(2), 363–375. https://doi.org/10.1007/s10551-012-1309-3

Hackett, S., Parmanto, B., & Zeng, X. (2004). Accessibility of Internet websites through time. *Proceedings of the ACM SIGACCESS conference on Computers and accessibility - ASSETS '04,* 32. https://doi.org/10.1145/1028630.1028638

Handelsverband Deutschland e.V. (HDE). (2021). *Marktanteil des Online-Handels am Umsatz mit Lebensmitteln in Deutschland in den Jahren 2015 bis 2020.* 1. https://de.statista.com/statistik/daten/studie/475255/umfrage/marktanteil-des-online-handels-am-umsatz-mit-lebensmitteln-in-deutschland/

Hanson, V. L., & Richards, J. T. (2013). Progress on Website Accessibility? *ACM Transactions on the Web, 7*(1), 1–30. https://doi.org/10.1145/2435215.2435217

Krüger-Brand, H. E. (2002). Internet-Auftritt: Regeln für barrierefreie Websites. *Deutsches Ärzteblatt, 99*(41), 24.

Kuzma, J. M. (2010). Accessibility design issues with UK e-government sites. *Government Information Quarterly, 27*(2), 141–146. https://doi.org/10.1016/j.giq.2009.10.004

Loiacono, E. T., Romano, N. C., & McCoy, S. (2009). The state of corporate website accessibility. *Communications of the ACM, 52*(9), 128–132. https://doi.org/10.1145/1562164.1562197

Mack, K., & McDonnell, E. (2021, Mai 6). What do we mean by accessibility research? a literature survey of accessibility papers in chi and assets from 1994 to 2019. *Conference on Human Factors in Computing Systems - Proceedings.* https://doi.org/10.1145/3411764.3445412

Palos Sánchez, P. R., & Correia, M. B. (2016). The paradigm of the cloud and web accessibility and its consequences in Europe. *ACM International Conference Proceeding Series*, 362–369. https://doi.org/10.1145/3019943.3019995

Parvin, P., Palumbo, V., Manca, M., & Paternò, F. (2021). The transparency of automatic accessibility evaluation tools. *Proceedings of the 18th International Web for All Conference, W4A 2021.* https://doi.org/10.1145/3430263.3452436

Petrie, H., Savva, A., & Power, C. (2015). Towards a unified definition of web accessibility. *W4A 2015 - 12th Web for All Conference.* https://doi.org/10.1145/2745555.2746653

Ribera, M., Porras, M., Boldu, M., Termens, M., Sule, A., & Paris, P. (2009). Web Content Accessibility Guidelines 2.0. *Program, 43*(4), 392–406. https://doi.org/10.1108/00330330910998048

Richards, J. T., Montague, K., & Hanson, V. L. (2012). Web accessibility as a side effect. *ASSETS'12 - Proceedings of the 14th International ACM SIGACCESS Conference on Computers and Accessibility*, 79–86. https://doi.org/10.1145/2384916.2384931

RICHTLINIE (EU) 2016/2102 über den barrierefreien Zugang zu den Websites und mobilen Anwendungen öffentlicher Stellen. (2016). https://eur-lex.europa.eu/legal-content/DE/TXT/HTML/?uri=CELEX:32016L2102&rid=1#d1e858-1-1

Rømen, D., & Svanæs, D. (2012). Validating WCAG versions 1.0 and 2.0 through usability testing with disabled users. *Universal Access in the Information Society, 11*(4), 375–385. https://doi.org/10.1007/s10209-011-0259-3

Schmitz, C. (2002). *Ein Netz voller Scheren, Barrieren und Chancen.* https://www.einfach-fuer-alle.de/artikel/barrieren/

Schmutz, S., Sonderegger, A., & Sauer, J. (2016). Implementing Recommendations From Web Accessibility Guidelines. *Human Factors: The Journal of the Human Factors and Ergonomics Society, 58*(4), 611–629. https://doi.org/10.1177/0018720816640962

Statista. (2020). *COVID-19/Corona-Pandemie - Onlinekauf statt Offlinekauf 2020 | Statista.* https://de.statista.com/statistik/daten/studie/1108149/umfrage/produkte-die-wegen-der-covid-19-pandemie-online-statt-offline-gekauft-werden/

Statistisches Bundesamt (Destatis). (2020). *Schwerbehinderte Menschen in Deutschland nach Geschlecht und Altersgruppe.* https://www.destatis.de/DE/Themen/Gesellschaft-Umwelt/Gesundheit/Behinderte-Menschen/Tabellen/schwerbehinderte-alter-geschlecht-quote.html

Velleman, E., & Abou-Zahra, S. (2014). *Website Accessibility Conformance Evaluation Methodology (WCAG-EM) 1.0.* W3C. https://www.w3.org/TR/WCAG-EM/

Vigo, M., Brown, J., & Conway, V. (2013). Benchmarking web accessibility evaluation tools: Measuring the harm of sole reliance on automated tests. *W4A 2013 - International Cross-Disciplinary Conference on Web Accessibility.* https://doi.org/10.1145/2461121.2461124

Vigo, M., & Harper, S. (2013). Evaluating accessibility-in-use. *W4A 2013 - International Cross-Disciplinary Conference on Web Accessibility.* https://doi.org/10.1145/2461121.2461136

W3C. (2016). *Web Accessibility Evaluation Tools List.* Developed by the Education and Outreach Working Group. https://www.w3.org/WAI/ER/tools/

W3C (Hrsg.). (2009). *Richtlinien für barrierefreie Webinhalte (WCAG) 2.0 (Web Content Accessibility Guidelines (WCAG) 2.0).* https://www.w3.org/Translations/WCAG20-de/

W3C, W. W. W. C. (2019). Web Content Accessibility Guidelines (WCAG) 2.1. In *Web Accessibility Initiative (WAI).* https://www.w3.org/TR/WCAG21/

W3C, W. W. W. C. (2021). *Web Content Accessibility Guidelines (WCAG) 2.2.* https://www.w3.org/TR/WCAG22/

WAI. (2005). Introduction to Web Accessibility | Web Accessibility Initiative (WAI) | W3C. In *Web Accessibilty Initiative.* https://www.w3.org/WAI/fundamentals/accessibility-intro/

Wu, J., Reyes, G., White, S. C., Zhang, X., & Bigham, J. P. (2021). When can accessibility help?: An exploration of accessibility feature recommendation on mobile devices. *Proceedings of the 18th International Web for All Conference, W4A 2021*, 12. https://doi.org/10.1145/3430263.3452434

Yesilada, Y., Brajnik, G., Vigo, M., & Harper, S. (2012). Understanding web accessibility and its drivers. *W4A 2012 - International Cross-Disciplinary Conference on Web Accessibility.* https://doi.org/10.1145/2207016.2207027